JN439884

청어詩人選 195

비의 노래

서영희 시집

도서출판 청어

비의 노래

서영희 시집

시인의 말

어머니께서 보여주시고
자식이 나아가게 만드는 세상
그 세상 속에서 날마다
새롭게 들려오는 고귀한 소리
때로는 은은하게
때로는 일침으로
때로는 다독이며
내 주변을 다스립니다.
사는 날까지 이렇게
세상이 들려주는 소리
고이 받아쓰겠습니다.

2019년 여름
서영희

차례

2부 산그림자 되어

3부 여름 지나는 자리

4부 숨비 소리

5부 시간의 숲

6부 따뜻한 가슴으로 나누어 주신 글

1부

어머니의 쑥밭

오늘은

콩나물 뿌리처럼
자라나는 그대의 힘겨움

웃자란 콩나물 대가리의
쩍쩍 갈라짐 같은 그대 한숨

당신 속 시원히 풀어준 적
언제 있었던가

다듬고 씻어내는 콩나물
흐르는 물기 툭툭 털어내 듯

내 오늘은
당신 속 제대로 한번 풀어주고 싶네

새 봄

살갑지 못한 정 잠시 접어두고
흰 서리 담뿍 내린 머리
맞대고 마루에 앉은 노부부

도수 높은 돋보기 콧등에 걸치고
바늘로 콕콕 찍어가며 할머니
영감님 손가락에 박힌 가시 뽑는다

웬수야 소리 입에 달고 산 평생
찌르는 바늘 끝에 웬수 같은 맘도 실었을까
웬수처럼 박힌 가슴 속 가시도 뽑았을까

봄 하늘 머금은 햇살 닮은 미소
가시 뽑은 입가에 잔잔히 그려질 때
불콰하게 웃으며 돌아서는 한낮

어머니의 쑥밭

산 아래 자리 잡은 시댁 뒤양간
몇 해 전 어머니께서 옮겨다 심은 쑥
번지고 번져나가 제법 큰 쑥밭이 되었다

“내년부턴 쑥 캐러 어머님 댁 와야겠어요”
허허 웃으시며 그러라시던 어머님은
기약 없는 병마에 시달리며
기억을 까맣게 지우고 계신다

아픈 봄 주인의 안부조차 알지 못한 채
음력 이월도 되기 전 쑥쑥 자라나 버린 쑥
자그마한 칼로 캐어 올리는 이른 봄

“너그 시어마시 꾀도 많제 우째 요래 심어 놨능고…
허허… 내가 거름도 나르고 했다”
하시며 굽어진 허리에 뒷짐으로 돌아서는 아버님
나을 수 없는 병을 동무 삼은 어머님 생각에 허한 눈길 가득

저녁엔 거피한 들깨가루 가득 묻혀 된장 풀고
구수한 쑥국 끓여 밥상에 올려야겠다
맛있다며 숟가락 그득 봄을 퍼 올리실 모습
햇살이 곱게 비질하고 떠난 오후 등짝에 남은 따사로움

가을

바람의 손을 잡고 흘러가는 구름
익어가며 아래로 내딛는 단풍

매서운 태양빛에 달구어지던
맹수보다 포악했던 지난여름

도무지 올 것 같지 않던 계절은
모든 익어가는 것들과 함께

가을이란 촉촉한 이름으로
성큼 다가서며 스며드네

소국

밤새 내린 비
고스란히 맞아 낸 노란 소국

사랑의 빗물이었을까
밤새 내린 그 비는

노란 꽃잎들 활짝 열어
가을 빛 불 밝히고 섰다

나도 그대 곁에서
맑은 빛 불 밝혀주고 싶다

인연

낯선 땅에 뿌리 내리고
굳게 심지를 박는 일
어찌 쉽게 볼 일인가

유월의 아침 여지없이
찾아와 존재의 유무를
지저귐으로 알려주다
떠나버린 제비처럼

느닷없이 돌아서더라도
씨앗을 심고 키워 나가
무지의 땅을 일궈 나가는 일

비의 노래

처마 끝 달아낸
스테인리스 지붕 위
또닥또닥 밤새 비 내렸다

말랐던 것들에
촉촉함 입혀주며
유하게 만들어 주는 비의 노래

나도 가끔 빗소리 같은
그대 푸념, 힘겨움
가만히 들어주고픈 날 있다

받아쓰기

별일 없지?
운동가는 산책길 옆에
키 작은 애기 단풍나무
빠알간 잎 대여섯 개 매달고
추위에 바르르 떨며
가느다란 줄기에 애처롭게
매달려 있더라
떨어지지 않으려고 매달려서
아등바등 거리는 모습이
어찌나 안쓰럽던지…
그 모습이 내 살아온 인생같아
눈물이 핑 도는 것이
영 맘이 안 좋더라
내가 나이가 들긴 많이 들었는 갑다
조그만 풀잎, 계절 바뀌는
모양새만 봐도 눈물이 돌고
마음 여려지는 거 보니…
이런 저런 생각하며 걷다가
우리 딸 생각나서 전화해 봤다
날이 많이 차다 감기 조심하고

우리 딸 사랑한다
귓바퀴 맴도는 잔잔한 목소리
먹먹한 가슴 그러안고
조심스레 써 나가는 엄마의 사랑

내게로 왔다
– 정순 언니

붉게 타오르던 여름의 열정
한 걸음 물러선 초가을 저녁
짙은 향 담고 내게로 왔다

샛노란 미소 앙증맞은 국화
노란 화분 위 수북하다 못해
가득가득 던져놓아 흩어진
별의 사금파리 같은 작은 꽃송이

샛노랗게 넘치는 국화향
두근대는 가슴으로 맞이한
노란 가을 밝은 빛 밝혀주고

시집 낸 동생 생각나서
성큼 품어 안고 왔다는
온화한 미소 가득
꽃으로 다가온 정순 언니

배낭을 메고

꽃내음 가득
배낭에 불룩불룩 배불려
방랑자의 모습으로
다가왔던 가을

새삼
눈 감았다 뜨는 이 시간
꽃내음이 어깨를
살살 어루만지는
느낌 참 좋다

짧은 가을은
겨울을 품으러
다시 배낭을 메고
무언의 언약을 남긴 채
성큼성큼 떠나겠지

기억 속 아슴한 추억
한자락 남기면서

맛있는 나이

파란 하늘 아래
내려앉은 층층이 구름
짙푸른 녹음 길게 옆으로 두고
기나긴 여름 길을 달린다

구름처럼 흘러가는 시간
아슴하게 멀어지는 추억의
조각들을 끄집어 내며

한바탕 웃음과
한 보따리의 후회와
한 조각의 희망을 그리며

걱정 근심 잠시 묻어둔
최고로 행복한 오늘은
오미 가득한 맛있는 나이

이명

바람을 품고 사는
나의 왼쪽 귀

쉬- 쉬 바람소리가
들락거리는 귓바퀴

튼튼한 자물쇠 하나
열쇠로 꼭꼭 채워

나갔던 바람 막아두고 싶다
고운 소리만 담을 수 있도록

빗물

흔적 없는 동그라미를
수도 없이 그려나가는

미세한 파장으로
심장을 적셔주는

색깔도 없는 것이
마음을 물들이는

네 속으로 그냥
뛰어들고 싶게 만드는

고비

천연의 보호색을 입혀 세상에 내놓았다
비바람 보다 더한 세상의 힘든 갈퀴들이
긁어놓아 상처 입은 잿빛 마음의 색깔

세상에는 존재하지 않는 치유의 약을
스스로 조제하고 복용하며
새 살을 돋우는 나의 어린 것

지켜보는 마음의 아픔이야
살갗 벗겨지고 찢기는
어린 제 마음 따라잡겠는가

이해한다 그럴 수 있다는 위로 따위
흉내쟁이처럼 마음으로도 울 수 없는
하얀 거짓말쟁이로 남을 뿐

철갑 같은 보호색으로 스스로 무장한 너는
세상이 할퀴고 지난 자국에 성큼 다가서며
헤살 부리는 세상의 갈퀴들 물리치고
든든한 보호막을 두를 수 있으리라

가을밤

적막 같은 심란이 속 헤집는
초가을 밤 하릴없이 들판을 거닐다

초록의 곳대를 높이 쳐든
벼들이 넓게 펼쳐진 들판

사위 깜깜한 들판 사이로
발걸음이 흘려두고 온 하소연

새벽이 내려앉으며 버려둔 흔적
살포시 덮어주는 고마운 가을밤

벌초

기계음 지나간 자리
말갛게 깎인 뫼등

푸르게 흩어지는 혈흔
파르라니 돋아나는 싱그러움

황톳빛 살갗 드러낸 봉분
간소히 차려진 상차림 앞

다소곳이 절하는 자손들
돌아서는 발걸음 대신

조상님 누운 자리
지키고 선 배롱나무 두 그루

2부

산그림자 되어

도라지 꽃

가슴 절절함 고백조차 못한
이른 아침 이슬 맺은
보랏빛 연서만 써 대며
영원한 사랑를 꿈꾸는

풍선처럼 다물었던 입
조심스레 터뜨리며 펼쳐 든
별꽃 같은 다섯 갈래 입술

꼬옥 다문 입술 서서히
터뜨려 슬픈 연가 부르듯
잔잔하게 퍼져나가는
물빛 자욱 같은 애잔함

짙은 보랏빛 가득 머물고 싶네
그대 곁 영원한 사랑으로

봄날 오후

수인번호 죄명도 없이
낙석방지망 감옥에 갇혀
자그마한 꽃잎 내밀어 보는
개나리 진달래

"이 꽃들은 면회 불가입니다"
라는 불허가 있는 것도 아닌데
내민 손 제대로 잡아주지 못한
사월 초입 꽃 잔치 열린 날

달리는 차에 몸 싣고 돌아서며
마음 애처로운 봄날 오후
방지 망 뒤에 무거운 내 맘 두고
개나리 진달래 손 이끌고 싶은 날

처세술

새까만 망토 두른
늑대 같은 개
인적 없는 까만 밤
우- 우-
늑대 울음으로 밤새우고

나지막한 발자국 소리
회색 구름 낀 이른 아침
끼깅끼깅-
애처롭게 운다

밤 새워 귀를 괴롭히던
늑대 울음 싹 감춘
시꺼먼 개 얄망스럽다
놈의 살기 위한 처세술

단비

몹시도 뙤약진 볕에
몸 달구던 나무들
내리는 빗물이
가슴을 간질이자 헤딱
등 보이며 몸 뒤집는다

뽀얀 솜털 송송 솟은
등딱지 내 놓고
무에 그리 즐거운지
꺄르르 꺄르르

나, 그대에게 다가가
가려운 등 쓰다듬을 수 있는
시원하게 내리는 단비 같은
소중한 사람이고 싶다

공중의 시간

우주가 한 점 한 점
뜯어놓은 수제비 같은
생각들이 떠다니는
바다 구름 위를 날아

하늘에 정해 놓은
길을 더듬어 가고
비행기의 보늬 같은
의자에 깊게 기댄 채

시간의 구름을 지나며
창밖 뭉텅뭉텅 뜬구름 조각에
기억의 끄트머리 한 점씩
얹어놓는 공중의 시간

열매

꽃잎 진다
슬퍼 말자

진다는 건 또 다른
결실의 열매를 맺는다는
생의 전주곡

붉게 푸르게 타오르던
열정이 멈추고

냉기 가득 얼음처럼
내 앞에 선 뾰족한 서릿발
그 또한 지고 나면

온화의 물이 되어 흐르고
지고 맺고 지고 흐르고

생의 계절이 가져다주는
삶이 맺어주는 진실의 열매

국화차 우려 두고

국화차 한 잔
진하게 우려 두고

치솟아 오르는 마음속
열, 불기둥 가라앉히느라
심호흡만 깊게 들이쉬고 내쉬고

머리는 가라앉히라 하지만
마음은 거부하는
이율배반적인 행위

국화차 한 잔의 짙은 향
결코 진정되지 않는
심중 깊은 두근거림

시간의 길을 달리다

시간의 길을 달리고 달리다
기억의 시간을 놓아 버리고
뇌의 전구가 하나 둘 꺼져가고

시계의 바늘이 거꾸로 돌아가는
바람결에 날릴 기억조차
사라져 가는 희미한 뇌의 기억들

여명 속 바람에 힘입어
빰을 때리는 낙엽의 손바닥
그리도 매서운가

한 겨울 서릿발 보다 뾰족함으로
내 앞에 선 버리고 싶은 날들
내리는 햇살 찬란함에 부수어

온화의 물이 되어 흐르면
기억 속 자그마한 전구
그 밝은 빛 불 밝히고 싶다

봄 향기 마시다

두 번째 계단에
엉덩이를 부려두고
따스한 커피를 마신다

아스팔트 위로 피어오르는
봄 아지랑이
온기 가득 품은
봄바람은 또 어떻고

봄 향기에 취하며
봄의 광합성을 받고자
두 번째 계단에 앉아
스멀스멀 피어오르는
봄 향기를 마신다

욕심

난분분 난분분
흐드러지는 봄
꽃잎에
어지러이 취할 때

지나는 시간
시큰거리는 통증
온몸을 훑고 지나듯
시린 너의 기억들

차곡차곡
가슴에 쟁이다
꽃잎 같은 흔적 하나
불쑥 갖고 싶단 욕심

산 그림자 되어

나도 가끔은
산 그림자 되어
저 푸른 강물에
몸을 푹 담그고 싶다
산 그림자 된 몸이 담긴
맑은 강물에선
옅은 물안개가 피어올라
황홀한 포근함으로
세상을 감싸 안고
새 아침을 밝히는
동 터오는 아침
서서히 걷히는 물안개 속에
내 그림자를 살포시 살포시
은은한 미소로 드러내고 싶다

태풍

하늘을 가로지른
전선들이
광인의 몸짓으로
춤추며 날뛰고
빗줄기들은
안개꽃을 터뜨리며
정해진 길 없이 날리는
이 미친 듯한 하루
사방은 극심한
공포에 싸이고
두려움의 시간이 지나가길
간절한 기도로
작아진 가슴 부여잡는다

선

무심코 올려다 본 하늘
얽혀 있는 검은색 사선들이
위를 향한 눈을 어지럽게 한다
선으로 이어진 모든 것들
관계 또한 마찬가지
툭 하고 저 많은 선들이 끊어지면
세상과의 선이 끊어질 거다
소통을 온라인으로 전화로 해대는 세상
선에서 선으로 연결된 관계
후드득
저 선 끊어지면 차단된 어둠으로
불통의 세상이 오고 말리라
얽혀있는 저 선들의 꼬리를 잡고
아등바등 관계를 엮으며
가끔은 어지럽게라도 살아야겠지

빗소리

빗소리
까만 밤

폭염과 열대야의
어깨를 다독여 주는
까만 빗소리

양철지붕 처마 끝을
또닥이며 이 새벽

저 혼자 까만 눈물 흘릴
모든 생명들에
감정을 돋우는

팔월 어느 새벽
까만 빗소리

3부

여름 지나는 자리

출석 수업

만개한 봄꽃 맞으러 가는
스무 살 처녀처럼
설레는 기분 감추지 못해

뒤척임으로 밤을 헤매다
허겁지겁 달리고 달려
출발하기 직전의 열차에 몸을 부리고

가다듬은 정신으로 주위를 보니
기차선로를 따라 만개한 벚꽃들의
향연이 줄을 잇는다

다시 시작하는 첫걸음
밝음으로 응원하는 듯
봄이란 새로움을 보여준다

새봄이 덥석 잡아 준 손길
꼬옥 잡고
희망의 길로 들어선다

지난밤

지난밤 돌풍에
만개한 벚꽃
하르르 떨어지진 않았는지

지난밤 꿈결에
익히고 배운
지식의 꽃잎 후드득 떨어지진 않았는지

길고도 짧은 밤
염려로 지새며 뒤척이다
떨어진 꽃잎 하나하나 주우러 나선다

소금처럼

슬레이트 지붕 아래 창고
자연과 햇살이 만들어 낸
하얀 꽃 이쁘게 핀 소금
각목 높이 받치고 위에
다섯 자루 나란히 놓였다

비닐로 갈무리 잘 한 소금
아래로 간수가 흘러내려 포슬포슬
다섯 해 이상 묵은 천일염
폭우가 내리고 들여다본 며칠 후
폭삭 내려앉은 소금자루

갈무리 잘 된 곳이라
몇 해를 지나도 괜찮았던 지라
사연을 유추해 보다
어이없게 자연이 만든 재해에
자연으로 돌아갔음을 알고
허탈하게 돌아섰다

자연에서 온 것들은 이렇듯
결국 어떤 모습으로든
다시 돌아가는 것
사는 동안
간수 잘 빠진 소금처럼

주먹 쥐어도 소금 한 톨 묻어나지 않는
하얀 보석처럼 꿋꿋한 마음으로
여러 곳에 발 담그지 말고
포슬포슬하게 살다 돌아가리라
저 녹아버린 소금처럼

구멍

배춧국 끓이려 다듬는 배추
구멍 숭숭 뚫린 잎 들여다보다

손톱깎이로 잘라 흩어놓은
새끼손톱 끝만 한 벌레
냉장고 속 차가운 냉기 다 견디고
아직 꼬물거리며 배추 노란 속
사각거리며 갉고 있다

여린 생명이라 한 마리씩
집어내어 따로 버렸다
잡히지 못했던 녀석들은
노랗게 뭉친 단백질 덩어리로
단단히 굳어 둥둥 떠오르고

찬물에 헹구는 행위 속
물길에 쓸려 내려가는
손톱 조각 같은 사후의 생명체
지그시 눌러보는 한쪽 가슴

여름 지나는 자리

몰아치던 큰 바람 물러선 자리
거대한 빗줄기 내려꽂히더니
주야장천 내리던 비 그친 산
하얀 띠 풀어 허리춤 고쳐 매며
하늘로 휙휙 던지는 무더위
세상 다 익혀버릴 듯한 삼복염천
동무 삼아 짧은 제 시절 찾았다
열정 다해 부르던 매미의 노래
제 짝을 찾았음인가 줄어든 구애의 열창
무더위, 매미, 여름 지나는 자리
수돗가 살구나무 흔들어 대는
여름 끝 시원한 바람 솔솔 불어오자
밤새 귀뚜라미 열창 들려온다
계절은 찾아 나서지 않아도 다가오는 것

아침

장맛비 그친 이른 아침
창밖 녹음 짙은 살구나무
바람과 수다 떠는 저 나뭇잎

무에 그리 즐거운 얘기 나누는지
깔깔 웃으며 햇살 받아 반짝
소소한 얘깃거리로 수다의 입술
바쁘게 움직인다

지나는 참새의 짹짹임도
나무와 바람의 수다에
참견하는 아침

밤 풍경

적막한 밤길을 미친 듯
달리며 짙은 소음으로
울어대는 자동차 소리

불 꺼진 식당 출입문엔
가녀린 외줄 타고 내려와
식당 이름을 더듬으며

초록색 수 놓인 전화번호
한자 한자 더듬어 읽는
까만 거미 한 마리

적막과 고요를 깨트리는
간헐적 소음과 거미 한 마리
밤의 적막을 보초 서고 있는 나

기억

까만 향기 피워 올리는
따스한 아메리카노 한 잔
하얀 탁자 위에 놓였다

분홍빛 책 한 권 옆에 두고
그리움 속 그대 꺼내어
추억의 책장을 넘기다

커피향처럼 사라지는 그대
다시 기억 속에 고이 넣어
책갈피 속 깊이 꽂아두고 싶다

나는

좀 울고 싶다

파르르 떨리는 눈썹 끝에
세상 모든 변명 갖다 붙이고
빨갛게 핏물 번지도록
두 눈 찌르는 아픔 느끼며
울컥울컥 눈물 쏟고 싶다

알 수 없는 눈물이라 핑계로
보고 싶다 그립다 으름장 놓으며
인연이라 이름 붙여진 모든 것
미안하다 반성의 이름으로

장맛비 보다 긴 울음으로
지금 눈물 좀 흘려야겠다

틈

내어다 봄의 간격
들여다 봄의 간격

벌어진 틈 사이
헤아림의 자리

들여다보고
내어다 보며

존중과 헤아림으로
그 틈 여미고 싶다

구름

거꾸로 누워 하늘을 보면
새털구름 모두 내 발 아래
하얗게 펼쳐져 있네

저 푸르른 하늘
수 놓인 저 구름 구름들에

모른 척 내 오른쪽 다리
슬쩍 걸쳐 놓으면

아래로 흘러내려 살포시
덮어 줄 것 같은 구름

봄의 전령

뽀얗고 노랗게 사랑스런 분홍으로
통통하게 살 올라 고운 모습

이젠 누렇게 말라가며
푸른 잎들에 자리를 내어주는
어여쁜 봄의 전령

내년을 또 그 다음의 내년을
기약하고 어김없이 찾아오건만

한번 지나버린 인생의 한 해는
젊음의 불타오르는 열정의
꽃으로 다시 피지 못하고

도라지꽃처럼 할미꽃처럼
점잖은 모습 인자한 모습으로 인생의
화려함을 한 번 더 불러모은다

다짐

풍년의 희망을
바라는 농부처럼
만선의 기쁨을
누리는 어부처럼

봄기운 가득 학구열 가득
다 자란 자식 손에 이끌려
멀었던 대학의 문턱을 넘는다

열정으로 노력의 밭 일구고
갯벌처럼 펼쳐진 학구의 바다
폭폭 거리며 거닐어 보리라

너에게로

나는 항상 날아다니지
코 끝에 걸리는 짙은 솔향에
자그마한 기억을 안고
과거의 너에게로

꽃소식에 묻혀 오는
지금의 너에게로
바람이 전하는 말에 귀 열고
미래의 너에게로

모른다고 손사래 치며
외면할 수도 달아날 수도 있는
네게로 항상 날아가지
먼지처럼 흩어지는 네게로

가을, 희망

높푸른 하늘이 펼쳐진
9월의 첫날

푸름을 바탕으로
하얀 구름들 수놓고

조각조각 펼쳐진 구름이
내 욕심의 사연인 양

속절없이 흐르는 시간의 무게
그 무거움을 베개 삼아
하냥 하늘만 바라본다

파란 바다 위를 저어가는
하얀 크고 작은 배들의 유영

그 배 위에 슬쩍 부려놓는
희망의 빛 한 점

4부

숨비 소리

칠월의 아침

육교 아래 날개 활짝 편 채
옆으로 누워
영원한 잠에 빠져 든
잠자리 한 마리
병풍처럼 둘러 싼
개미 손님들의 문상
거인 같은 몸뚱이로
멀뚱히 지켜보는 나
누운 잠자리 곁을 돌고 돌아
내 머리 위를 쿡쿡 찌르듯
날아가는 한 쌍의 잠자리

칠월의 어느 아침

밀양 아리랑 대공원

검정 우산 조용히
쓰다듬어 주는
빗줄기의 부드러움

동행한 듯 노랫소리로
머리 위 포르르 나는
작은 새의 청아한 목소리

몇 개의 계단을 천천히 오르면
넓게 자리한 연못과 수초들
직선으로 자리한 충혼탑

커다란 충혼탑에 서린 영혼
묵직한 목 숙여 숙연함 전하고
돌아선 길 옆 수많은 태극기
바람개비로 줄지어 서 있고

찬찬히 내려서는 발길
무거운 맘 위로하며
쪼르르 흐르는 계곡물소리 정답다

숨비 소리

휘유우~
시퍼런 바다를 가르고 나온
까만 가죽 물안경 쓴 머리
태왁에 기댄 채 뱉어내는 숨소리
저승길 가듯 깊은 바다를 가르고
헤치며 바닷것들 캐내는 손길
먹먹해지는 기운들 모아 위로 솟구치고
반복에 반복을 더하는 행위
저승서 벌어 온 돈인지라
함부로 쓸 수도 없다며
이런 고생으로 번 저승 돈이란 거
자식들이 알아주기나 하는지
바다 깊이 들어갔다 나와서
뱉어내는 숨소리
이승의 몸으로 저승길 다녀와서
내뱉는 힘겨운 숨비 소리
휘유우~
신음하듯 말씀하시던 해녀 아주머니
잔잔히 펼쳐지는 주름살 같은 햇발
등 뒤로 애처롭게 부서진다

공생의 자리

호수 가 고목 한그루
몸피 굵은 허리께
살짝 굽어진 곳

편안한 의자인 양
잔디처럼 자란 풀 방석 삼아
강아지풀 한 포기 솟았다

고목이 보듬어 안은
강아지풀의 안락한 자리
공생의 자리

연화도

바람이 만져주는 바다의 물결
수국이 손잡아 주는
산사 옆 굽어진 길을 오른다

오르막의 높이만큼 흐른 땀
간간이 스치는 바람이
시원하게 닦아주고 도닥여 주면

뒷짐으로 오르게 되는 기나긴 길
푸름 가득한 향을 끌어안으며
멀리로 보이는 짙푸른 바다

산속 깊이 자리한 산사
길의 끝자락 즈음 자리 잡은 출렁다리
무서움에 건너보지 못하고
돌아선 마음의 가벼움

돌게장을 먹으며

해무가 걷히기 시작하는 아침
삼삼오오 모여들어

거하게 차려진 식탁 앞에
숙인 머리 모으고

기도하듯 양손에
작고 긴 다리 고이 받아들어

조심히 가져가 그 부드러운 속살
진하게 입으로 받아모신다

목구멍을 타고 스르르
넘어가는 그 매끄러움

쪽쪽거리는 입맞춤의 노랫가락
끊이지 않는 여수의 아침

현장

하수배관 공사로 분주한 인부들
겨울의 얼어붙은 공간들을
깨우고 두드리느라 바쁘다

드르륵 거리며 길을 가르고
굴삭기가 퍼 올리는 소음
무시무시한 트럭의 쉴 새 없는
전 후진으로 무겁게 소음을 싣고

얼어붙은 모든 것들을
두드리는 기계장비들 소리
소음이 장사진을 펼친 현장

집과 집들의 오물과 하수를
지하로 연결해 하나로 이어진
핏줄 같은 하수관을 만들며
모든 집들을 은밀하게 밀집시킨다

유난히 푸르게 보이는 하늘 아래
지하에선 심란한 마음을 정리하듯
흙 사이를 가르며 무거운 소리들과
혼란한 내 마음도 은밀히 가둔다

까만 가로수

가로수로 늘어선 벚나무
자동차들과 아스팔트가
내뿜는 열기 다 이기고

다른 나무들보다 일찍
꽃피우고 고운 단풍으로 물들더니
억지로 익어버린 낙엽들인가

어여쁜 이파리들 아래로
흘리지도 못하고 까맣게
타들어간 모양 그대로
나뭇가지 그득하게 매달고

새봄을 위한 비움의 작업은
높은 사다리차에 매달린 인부들의
손길을 빌어 제 가지 뚝뚝 분지른 채
살갗 시린 겨울을 맞아 내고

해가 바뀐 새봄 여전히
까아만 가지들은 초록빛 잎은커녕
꽃눈으로 흩날릴 몽우리조차
피워보지 못한 채 까맣게 서 있다

바람

산사 일주문 앞
층층이 쌓아두고 온 바람

가녀린 손가락으로
하나하나 키워가는 열심

바람 하나가 쌓이고
기도 하나가 쌓이고

너른 바위 방석 삼고
키 작은 돌탑 눌러앉았다

산초나무

노랗게 물든 잎
발끝에 소복이 쌓아 놓고
가녀린 한 해를
보내고 있는 여린 두 그루

추어탕에 넣기 위해
잘 말려 뽑아낸 까맣게 반짝이는 씨앗
허전한 담벼락 아래 뿌려두었다
봄이 오고 쑥쑥 자라던 새싹

세 번의 계절이 바뀌는 동안 키워가던 몸피
덜 여문 첫 가을 빨갛게 노랗게 물들이던 잎
거둬들인 겨울초입
발가벗은 마른가지 애처롭다

열정과 냉정

붉은 정열이 타오른다
넘쳐나는 단풍을 눈에 담은
조막만한 가슴 쿵쾅거릴 때

푸른 냉정이 곁에서
눈두덩이 지그시 눌러주며
두근두근 새가슴 만져준다

막바지 가을 속으로 달리는
내 여린 가슴속 열정과 냉정
다듬이질하며 고르게 내려앉히는
저 고요의 방망이질

더는 저 열정에 휩싸이지 않으리
붉음 가득 담긴 가슴
조용히 다독이는 푸름의 냉정

정말이야

가끔은 '타락'으로 치닫고 싶어
그럴 때도 있어

사전적 의미
올바른 길에서 벗어나
나쁜 길로 빠지다

알면서도 잘 알면서도
아주
가끔은

그런 길
걷고 싶은 유혹이
목구멍 끝까지 치달아
훅하고 넘어가고 싶을 때
그런 때도 있어

상남의 벌판

지난 해 온몸 가득 지니고 선
제방 위의 금가루 둘러쓴 마른 억새
가는 바람에 흔들리는 늦은 오후

벌판 가득 넓게 펼쳐진 비닐하우스
서쪽으로 발걸음 재촉하는 석양빛 받아
금빛물결 출렁이는 고운 바다 되고

삐죽이 고개 내밀어 사월중순을 물들이며
더벅머리 총각처럼 듬성듬성 순서 없이
피어난 보리싹 푸릇푸릇 발돋움 하고

들판가득 푸른물을 들이며 싱그러움으로
비닐하우스 사이 푸름을 칠해 놓는 곳
푸근한 아낙네 마음처럼 펼쳐진 상남의 벌판

돌아서는 마음

돌아서는
마음은
흰 눈 가득한
허허벌판 같은
그런
시림입니다

늘

늘
익숙한 것이 좋다

마른 입천장을 두드리는
혓바닥의 허기짐보다
피아노 위 나란히 놓인 건반을
하나 둘 건드리는 낯섬보다

차라리 곁에서
밥그릇 엎어지는 소리로
때로는 여름철 장맛비가
지붕을 두드리는 소리로
두 귀를 쓰다듬는 익숙함이

숨 쉬며 살아감에 고마움을 모른 채
그 익숙함에 존재하는 것 자체가
그로 인해 편안해짐을

5부

시간의 숲

늦은 반성

대문 입구 무성히 자라나
집으로 진입하려는 발길에
걸리적거리는 잡초들

귀찮고 지저분하게
늘어진 모양이 싫어 못내
제초제를 분무했다

약을 흠뻑 맞은 풀들은
여러 날에 걸쳐 시들시들
노랗게 말라 죽어가고

조금의 죄책감도 느끼지 못한 채
분무질을 했던 그 시간
노랗게 오그라드는
생명을 죽이는 이 악랄한 행동

그랬을까

검은 피뢰침으로
솟아 오른
겨울 지난 나무들
긴 터널 위
수호신처럼 지켜 섰다
묵은 해를 갈아 오면서
몇몇 해를 지나 왔을까
검은 몸뚱이로 지켜온 세월
새봄이 오자 검은 가지 끝
초록의 물방울 매달았다
몇몇 해를 지나 온 나의 시들도
가지 끝에 맑은 물방울 달았을까

마음밭을 매다

노랫소리 짙어진 귀뚜라미
낭랑한 음색으로 덮여가는
깊은 적막 깨어진 어두운 새벽

여명이 밝고 햇살 내린 시간
아침이슬 가득 머금은 잡초
마음속 자리 잡고 쑥쑥 자란다

맑은 하늘 호미 닮은 구름 한 조각
뚝 떼어다 흐린 마음밭 잡초
손아귀에 잡고 캐어나 볼까

마음속 남새밭

뽑아도 뽑아내어도
자라나는 이 마음속 잡초
한 평도 안 되는
내 마음속 남새밭

미움의 씨앗이 자라나
욕심의 씨앗이 자라나
초록빛 양분 가득한 남새들 대신
이름 모를 잡풀들만 자라니

호미로 한 뿌리 한 뿌리 캐어
사랑, 용서, 미움, 욕심 다 넣어
달달하고 아름다움 양념하여
들큼한 막걸리 한 사발 하고 싶네

숲

짙푸른 그대의 숲으로
들어설 때
주먹만 한 돌덩이 하나
명치에 걸렸다
울컥 치솟는
눈물이 가린 눈앞

짙푸른 그대의 숲을
돌아설 때
박하향 시원함으로
퍼져나가는
잔잔히 그러안고
돌아선 가슴

장마

산허리로
내려앉았던 구름들
느리디 느린
발걸음으로
한 발짝씩
위로 걸어 오르고 있다
지루한 걸음걸음은
언제나 끝이 나
저 맑은 하늘에
도달하려나

깎다

마음의

모서리를

끝내 깍지 못 해

시골 미용실

거울 앞에 앉아

애꿎은

머리카락만

깎다

담쟁이

푸른 것들이
옷을 갈아입자

냉큼
벌겋게 손을 달구며
벽을 타는 저 담쟁이

가을을 짚어가며
한걸음 한 걸음

위로 위로
허공을 잡으려나
저 손길

하늘에 놓인 흰 구름
갖고 싶은 저 욕심

길을 잃다

매서운 바람 부는 황량한 들판
시(詩)로 가득 찬 쟁반 머리에 이고
갈 곳 정하지 못한 채 헤매는 한 여자

한참 후 어두운 도시 검은 인파로
장사진을 펼친 우울한 곳 헤매다
다시 허허벌판에 선다

눈물 가득 고인 눈 들어 바라본 하늘엔
하얀 눈덩이 같은 새들의 날갯짓
그녀는 넋 놓고 바라보기만 할 뿐

제 갈 길 끝내 찾지 못하고
쟁반 위에 가득 시어를 이고
허허로운 발 길 타박타박 옮긴다

오 분만

오 분만 돌아서 갈 걸
일초만 더 생각할 걸

순간의 상황만 생각한
짧았던 판단이

이렇게나 긴 후회로 남아
가슴 깊은 곳 후비며

불면 같은 쓴 기분으로
나를 괴롭히는구나

일초만 더 생각하고
오 분만 더 돌아서 왔더라면

물들다

먹빛 자갈돌로

수놓은 바닷가

내 마음의 멍울들

하나하나 풀어놓다

흐린 맘 흡수한

자갈돌은 더욱

짙은 먹빛으로

물들어 가고

마음

동굴 속 깊이 더 깊이
짙은 흙을 파헤치며

보이지 않는 저 끝에
숨겨버리고 싶은 마음

몸뚱이를 파묻으면
알량한 자존감도 묻어질까

스스로 입힌 상처를 껴안고
핑계의 무덤으로 찾아든다

등 돌린 날

비 그친 시멘트 바닥에
몸을 굴리던 맨살의 지렁이는
허연 가루를 뒤집어 쓴 채
돌아올 수 없는 길을 가고

냉랭했던 겨울을 보내고
다시 움튼 몽우리 터뜨리며
어여쁜 몸짓으로 물들이는
세상을 향한 자연의 이치

태어나고 부딪히고 꽃피우다
돌아감은 자연의 이치인데
심사가 뒤틀려 등 돌리고 앉은 날
날카로움에 몸 뒤틀려 지렁이가 된 날

물 흐르듯 흘려버리고 새로이 돋아난
꽃몽우리 틔워 활짝 웃으며
마주앉을 시간 오긴 오려나
등 돌린 시간만 무심히 흐르네

시간의 숲

시간은 태어나서 나를 만들고
엉금엉금 기어 다니는 나의 시간을
채근질하며 이 깊은 시간의
숲으로 나를 이끌어 놓았네

숨 막히는 거대한 시간의 숲을 헤매며
나는 시간의 깜깜한 밤을 방황하네
희망 같은 금빛 살 내리는 숲의 오솔길을
걸으며 나는 살포시 미소 지었다네

어두운 숲길에서 나를 환한 시간으로
이동시킨 시간은 밝음 속에서도 방황으로 이끄네
갑작스러운 밝음에 실눈 뜨고 이마에 손 갖다 대자
명암을 익히기도 전 손 탁 떨치고 달아나는 시간

그 시간의 달아나는 끄트머리를
홱 잡아채고 싶지만 간다 간다
시간은 돌아보지도 않고 잘도 떠나간다

어느새

무릎 안쪽에
겨우 들어 올 만큼

작은 천사로
내게 왔던 아이가

성큼성큼 자라나
커진 덩치만큼

마음 씀씀이도 자라
이젠 제게 기대고 털어 놓으라

제법 어른 티내는 것이
참 듬직하고 미덥습니다

6부

따뜻한 가슴으로 나누어 주신 글

*

정감이 가는 첫 시집을 통해서 보면 서영희 시인은 다정다감하고 정이 많은 시인이다. 시인의 시에는 시인의 마음이 담겨 있다.

우리들의 이웃이며 가족이며 자연에 대한 이야기들은 삶에 대한 표현이다. 자연에 대한 경이로움 순수한 감성의 소유자인 시인의 시를 몇 번이고 읽게 된다.

가족의 사랑과 순수한 서정시를 통해 자연스럽게 표현하는 시인의 마음을 닮은 두번째 시집을 반갑게 맞이해 본다. 서영희 선생님 축하합니다.

–김혜영 시인

*

산고의 시간을 거쳐 탄생하는 두번째 시집이 많은 독자들에게 감동을 선사하는 큰 선물이 되었으면 합니다.

다시 한 번 서영희 선생님의 두번째 시집 출간을 진심으로 축하드리며 큰 박수를 보냅니다.

–문서진 시인

*

서영희 시인의 두번째 시집『비의 노래』출간을 축하드립니다.

바쁜 일상 속에서 태어나는 시, 그야말로 살아있는 한 송이 꽃이며 삶의 생생한 현장이 아닐까 생각합니다.

시간의 상상력으로 이끌어낸 서정적 향유에 취해보는『비의 노래』서영희 시인의 문운이 더더욱 창대하기를 두 손 모읍니다.

–박서현 시인

*

'콩나물 시인의 열정'

서영희 시인의 첫 시집『달의 손목을 잡다』를 출간한 지 2년 남짓 벌써 두번째 시집을 탈고 했다는 소식을 들었다.

자신의 영예이자 우리 문인협회의 구성원으로서 경사스러운 일로 축하와 박수를 보내지 않을 수 없다.

시인이 주경야독하는 가난한 옛날의 선비처럼 가정과 자녀 양육을 위해 동네에서 자그마한 실비식당을 운영하며 시의 끈을 놓지 않기 위한 몸부림이 얼마나 처연했을까.

그의 처녀시집에서 보여 주었던 삶이 고스란히 녹아 있었던 생활 시에서 그 향기는 빛이 났으며 작품 하나하나가 팍팍한 생활 속에서도 절망하지 않고 희망의 노래로 승화 시키는 힘을 가졌으며 늘 자신과 소통하려는 끊임없는 노력이 이어져 온 시인이다.

그의 어투들은 화려하거나 허언이 전혀 끼어 들 틈이 없으며 그 담담한 여백에서 서정성이 짙게 녹아 감동의 향기가 질펀하게 배어있다.

나는 서영희 시인의 시집을 받아 들고, 시인의 말을 한 줄 한 줄 음미 하면서 한 권의 시편을 묶었다는 안도와 기쁨보다 뭔가 부족 한 것 같은 심정을 겸손하게 토로하는 말을 했다고 생각한다.

"무언가에 대한
설레임이 사라진다는 것
가슴 한쪽을 훑어 버리는 일
욕심으로 설레었던
마음이 벼랑으로 치닫는 일
다시 한 번 설렘으로 일어서고 싶다"

라고 말하는 것은 안도에 머물지 않고 더욱 정진 해야겠다는 의지와 겸손을 동시에 표현했음을 엿 볼 수 있으며, 모든 시편들 하나하나가 과장 없이 현상에 초점을 맞춰진 작품들이다.

나는 그의 작품 「단면」을 읽고 "어쩌면 잘려나가 툭툭 엎어지는 대파의 단면이 웃고 있다고, 저 대파의 잘리는 면면보다 데면데면한 태도로 아픔보다 미소를 베어 물고 있다"고, "한낱 미물인 저 대파의 단면이 염화미소를 담았다"고 했던가. 이 글을 읽고 그저 탄식을 금할 수가 없었다. 칼날에 엎어지는 대파가 시인 자신의 단면을 얘기하고 싶어 하지 않았나 생각한다.

첫 시집을 순산하고 2년 남짓 자신의 말대로 다시 한 번 일어

서고 싶다는 약속이 지켜졌다. 대다수의 향토시인들이 겪는 열악한 환경을 극복한 대단한 역사가 아닐 수 없다.

그의 2집 탈고를 진심으로 축하하며 옥동자의 출산이 기다려진다. 시인의 소중한 문고 언저리에 몇 줄 졸필을 올릴 수 있는 영광을 주신 시인에게 감사드리며 더욱 발전과 증진을 기원한다.

—박채호 시인

*

서영희 시인의 시를 읽다보면, 묵은 마을 어귀에 정자나무를 보는 것 같다. 나무이면서 숲인 「새 봄」이 그렇고, 「어머니의 쑥밭」이 그렇고, 「지난밤」이 그렇다. 그늘이면서 빛이요 빛이면서 그늘인 그늘, 그 속에 가지런히 놓인 시편들이 맑은 가지를 이루고 있다.

—박태현 시인

*

최근 우리 시인과 작가들에게서는 이질적 언어와 씨름하여 전 지구적 차원의 보편성을 얻고자 애썼던 이전 세대의 모습을 발견하기가 쉽지 않다.

투항 아니면 외면이 이들이 보여주는 모습인데, 투항은 표절로 이어지고 외면은 언어의 옹색함을 가져온다.

(중략)

대체적 안온함 속에서 동어반복을 거듭해온 우리 문학은 불륜과 치정, 그리고 내면이란 이름의 독백과 자기 과거 파먹기에서 크게 벗어나지 못하고 있다.

새로운 삶의 양식을 펼쳐 보이는 데 실패하는 것이다. 안타까운 일이다.

–박철화 교수의 책 중 '우리문학의 폐쇄성'에서 인용

우리 문협에서 가장 젊은 서영희 시인에게서 두번째 시집을 내게 되었다는 소식을 듣고서 그의 첫번째 시집을 찾아 다시 읽었다.

이미 첫 시집의 서문을 써 주신 지은경 시인의 언급을 빌리지 않더라도 서 시인은 우리 문협에서 빼 놓을 수 없는 시 잘 쓰는 시인 중 한 명이다.

모두에서 인용한 박철화 교수의 지적과 같이 서 시인의 시는 표절이나 언어의 옹색함에 빠지지 않고, 불륜과 치정, 내면이란 이름의 독백과 자기 과거 파먹기에 침잠하지도 않는다.

서 시인의 시는 그의 실제 생활에서 우러나온 깨달음의 기록이다. 부모에 대한 사랑과 그리움, 미물인 달팽이로부터 배우는 삶에의 의지, 거울 속 자신과 어머니 사랑, 연꽃의 고고함과 머리카락의 교훈, 계절에 대한 아쉬움, 어버이날의 이면, 시인은 부고와 그리움, 삶에 지쳐갈 때, 달맞이꽃, 우동집, 달의 손목, 거미줄에서 시를 끌어내고, 감자에선 자식사랑을 찾아낸다.

특히 시인은 산문시 닭발에서 빛 고운 마당을 뛰어다녔을 어린 병아리의 그것을 기억해내곤 가슴 아파한다.

필자도 도살 전에 소의 다리를 부러뜨려 물을 먹이는 것을 보고 거의 1년 가까이 채식만 한 경험이 있어 더 공감이 갔다.

시인은 계속해서 작은 돌멩이에서, 씻어놓은 운동화에서, 밟힌 나무뿌리에서, 이웃 아주머니에게서 깨달음과 아픔의 노래를 들려준다.

특히 그 겨울의 검단에서는 아버지 사랑이 가슴 아프게 전해져 온다. 대상포진에 가서는 3년 가까이 매일 자정까지 일하다가 같은 병을 얻어 본 경험이 되살아나 애처로웠다.

시인은 남편의 거친 손과 아버지의 눈물과 아들에 이어 어무이 사랑에서 노래를 멈춘다. 엄창섭 평론가가 지적하듯 서 시인은 낯설게 하기란 기법을 구사하진 않지만 흔히 볼 수 있는 요설이 난무하는 이해하기 힘든 요즘 시와 달리, 그의 시는 순수서정시로서 읽는 이의 가슴을 훈훈하고 뭉클하게 하는 감동이 있다. 그 감동이 억지스럽지 않게 저절로 공감이 간다.

그의 두번째 시집이 기대되는 이유이다.

–배만식 소설가

*

서영희 시인의 시 속엔 억척스런 촌부와 수줍은 아낙의 냄새가 난다. 마디 굵은 어머님 손가락 같은 표현으로 시를 써 내려갔거나 밭두둑을 돋우는 농부의 마음으로 시를 썼을 것 같다.

잘 마름질한 시어는 꼭 이른 아침 호박잎에 맺힌 이슬방울 같은데, 아득히 멀어졌던 옛 감성을 다시 끄집어내기에 충분하다.

또한 눅눅해진 언어를 햇볕에 잘 말려 뽀송한 시어로 만드는 것은 시인이 자신의 삶을 유심히 들여다보지 않고는 감히 시도조차 할 수 없는 일이다.

삶이란, 존재들에겐 한 치의 어긋남 없는 공통된 거 같지만 그 속에서 의미를 찾고 의지를 갖는 것은 쉬운 일이 아니다.

시어와 시적언어의 경계가 모호한, 말하자면 일상에서 일어나는 일들을 시인은 시적언어로 상대에게 얘기하듯 공감을 불러일으키는 재주가 탁월하다.

이를테면, 뚝배기란 시의 '덤성덤성 썰어 폭닥폭닥 끓고 있는'에서 덤성덤성과 폭닥폭닥은 시각적 반응을 일으키는 표현이지만 공간속에서 후각 또한 반응하게 하는 시어다.

구뜰한 냄새를 시어로 이미지화 하는 솜씨는 서영희 시인이 아니고선 할 수 없는 일이다.

시어란 건 애시 당초 주인이 있는 것이 아니고 쓰고자 노력하는 시인에게 있음을 보여주는 시인다움, 그것을 갖춘 이가 서영희 시인이다.

—백승휘 소설가

*

'자연을 닮은 여인의 시'

여기 조용한 미소를 머금고 따뜻한 가슴을 품은 한 여인의 마음 밭에는, 아름다운 꽃들이 이어서 피고 지며 맛있는 열매들이 탐스럽게 익어가고, 풍요로운 평화를 누리는 벌과 나비가 노닐고 있습니다.

문단에 데뷔한 지 7년만이라면서 첫 시집『달의 손목을 잡다』를 세상에 내놓은 지 불과 2년 만에 두 번째 시집『비의 노래』를 출간한다니 실로 장하고도 자랑스러운 일이 아닐 수 없습니다.

시를 잘 알지 못하는 천학비재가 서영희 시인의 시를 깊이 이해할 수는 없으나, 비교적 어려운 말을 쓰지 않고 기교를 부린 흔적이 보이지 않으니 시인의 순수한 정서와 생활상을 쉽게 이해할 수 있는 '가장 자연스러운 시'로 엮어져 있다고 생각되어 참 좋습니다.

날로 무디어져 가는 뇌의 활동이 민첩하지 못하여, 시집 출간을 축하를 드려야 할지 격려를 드려야 옳을지 분간도 못하면서, 그저 "시집"이라는 예술작품을 만들어서 정서가 메말라가는 세상살이로 방황하고 혼돈되는 인생의 야영장에 치유의 정신의약품으로 쓰이게 해주는데 대하여 감사할 따름입니다.

인생 중년에 접어들어 문학에 뜻을 두어 발길을 내딛고, 내디딘 발자국을 허물지 않고 주어진 분수에 순응하면서, 세상일을 거스르지 않고 열심하고 성실하게 보람을 심고 거두어들이는 모습이 정말 아름답습니다.

보통사람의 평범한 딸로 태어나 어느덧 아이의 엄마가 되고

중년부인이 된 시인은 고달프고 급박한 일상에서도 포근하고 안정된 부모님의 가슴을 항상 기억하며 그런 아버지 그런 어머니의 모습으로 살고자 하는 마음자세가 뚜렷하게 보이기도 합니다. 그 모습에서 시심이 우러나고 내 가족과 이웃과 사회를 사랑할 수 있는 품성이 배어나게 되어 누구나가 시인의 한국적인 어머니상을 발견할 수 있을 듯합니다.

시 한 편 한 편에서 품어내는 서정과 현실은 시인의 삶의 현장을 들여다 보는듯한 순수성과 가식 없는 자연성이 엿보이고 있습니다.

시인은 생업으로 조그마한 음식점을 운영하면서 자영업을 하는 남편을 뒷바라지 하고 자녀를 돌보는 평범한 아내로서 순박한 엄마로서 그 역할을 다 하면서 '시'를 쓰는 그야말로 조용한 여류시인입니다.

이른 아침부터 늦은 저녁까지 배고픈 이의 허기를 채워주는 엄마의 손을 놓지 않고, 국수 한 그릇에 조용히 미소를 한 그릇 더 담고 따뜻한 정을 고명으로 올려서 이웃의 식사 한 끼를 해결해 주는 모습이 또한 아름답습니다.

아침 일찍 식당 문을 여는 맑은 마음에, 손님이 들면 보이는 미소와 반가이 맞이하는 정다운 목소리며, 손님을 배웅하는 명랑한 인사말에는 그저 시가 따라 오는 듯합니다.

비교적 젊은 나이에 피해갈 수도 없고 돌아설 수도 없는 삶의 여정을 아주 긍정적으로 간파하고, 나의 가는 길이 하나의 예술작품이요, 하나의 비단길로 확신하여 한걸음 한발자국을 문자에 담아 오래오래 간직할 수 있는 방법의 하나로 '시'를 선택하여, 곧은 길도 서두르지 않고 굽은 길도 마다하지 않고, 산 따라

강 따라 휘어져 가는 길도 즐겁게 걸어가는 모습이 뒤따라오는 이의 이정표가 될 것도 같습니다.

시집과 거기 담긴 시가 잘 지었는지 잘못 지었는지는 학문을 연구하는 학자의 의견에 달렸지만, '시제'와 '이미지'를 조화롭게 엮어내고 단아한 문체로 읽는 이의 눈을 즐겁게 하여, 한편을 더 읽고 싶도록 하는 은은한 흥미를 불러오고 있음을 느낄 수 있는 '시집'입니다.

아무쪼록 한국문인의 긍지와 흙탕물에도 오염되지 않는 연꽃의 자태를 잃지 않고, 후세의 올바른 정서 함양에 많은 도움이 될 수 있는 '시'를 끊임없이 창작하여, 찰나의 삶을 살고 가는 이 세상에 반딧불이 될 수 있는 작품들을 많이 남겨 주기를 기대하면서, 문단의 짧고 못난 선배가 되어 격려와 찬사와 축하의 인사를 모두 담아드립니다.

다시 한 번 더 맑고 고운 서영희 시인의 시심(詩心)에 감사를 드립니다.

〈서영희 시인의 두번째 시집『비의 노래』출간에 즈음하여〉

–화재(禾齋) 이순공(李淳恭) 시조시인

비의 노래

서영희 지음

발 행 처 · 도서출판 **청어**
발 행 인 · 이영철
영　　업 · 이동호
홍　　보 · 이용희
기　　획 · 천성래
편　　집 · 방세화
디 자 인 · 이해니 | 이수빈
제작이사 · 공병한
인　　쇄 · 두리터

등　　록 · 1999년 5월 3일
(제1999-000063호)

1판 1쇄 인쇄 · 2019년 9월 1일
1판 1쇄 발행 · 2019년 9월 10일

주소 · 서울특별시 서초구 남부순환로 364길 8-15 동일빌딩 2층
대표전화 · 02-586-0477
팩시밀리 · 0303-0942-0478

홈페이지 · www.chungeobook.com
E-mail · ppi20@hanmail.net
ISBN · 979-11-5860-686-2(03810)

이 도서의 국립중앙도서관 출판시도서목록(CIP)은 서지정보유통지원시스템 홈페이지(http://seoji.nl.go.kr)와 국가자료공동목록시스템(http://www.nl.go.kr/kolisnet)에서 이용하실 수 있습니다.(CIP제어번호: CIP2019031804)

이 책은 한국예술인복지재단의 창작준비금을 보조 받아 발간되었습니다.